SÍ A LA VIDA,
A TODAS ELLAS

ExLibric

ANA BARRANTES NAVAJAS

SÍ A LA VIDA, A TODAS ELLAS

EXLIBRIC

ANTEQUERA 2025

SÍ A LA VIDA, A TODAS ELLAS
© Ana Barrantes Navajas
Diseño de portada: Dpto. de Diseño Gráfico Exlibric

Iª edición

© ExLibric, 2025.

Editado por: ExLibric
c/ Cueva de Viera, 2, Local 3
Centro Negocios CADI
29200 Antequera (Málaga)
Teléfono: 952 70 60 04
Fax: 952 84 55 03
Correo electrónico: exlibric@exlibric.com
Internet: www.exlibric.com

ISBN: 979-13-87707-72-9
Depósito Legal: MA 868-2025

Impresión: PODiPrint
Impreso en Andalucía – España

Nota de la editorial: ExLibric pertenece a Innovación y Cualificación S. L.

ANA BARRANTES NAVAJAS

SÍ A LA VIDA,
A TODAS ELLAS

Bienvenidos/as

Mi mochila está lista,
porque no hay nada que guardar.
Me siento a punto,
porque no necesito una coma
que me diga dónde pausar,
ni una palabra que defina
cómo sentirme.

Me siento liberada
para poder ser sin explicaciones,
porque mi alma habla por mí.

Gracias.

A todas las personas que caminan todos los días
en dirección a un mundo mejor.
A cada ser humano que batalla bajo la tormenta
y, aun sin espada ni paraguas, disfruta, baila,
y no se lamenta.
A todos aquellos y aquellas que,
ante la enfermedad, la malicia o arrogancia,
no cedieron a achicarse en la batalla.
Por y para vosotros y vosotras,
gracias.

ANA B. N.

PARTE I
DEJANDO ALGUNAS
PISADAS ATRÁS

Sí a la vida, a todas ellas

Le di la vida a mi hijo y él me enseñó a vivirla.
Me obligó a sonreír entre lágrimas,
a mantenerme en pie,
a aprender a ser mejor,
a luchar con talante,
a ver lo importante.
No sentí que la vida me castigase con un cáncer.
Era más bien un reto.
Me cayeron del cielo nuevas lentes,
que me ayudaron a romper muros
y a ver el mundo con colores muy diferentes.
Podía llevar a mi hijo al colegio y puedo.
Recogerlo a cualquier hora, antes y ahora.
Y… mucho más.
Y es que nunca me llegó a llenar el objetivo.
La meta siempre fue el propio camino.
Me he preparado toda la vida,
sin saberlo, para vencer.
Porque lo imposible se hace,
y lo imposible se intenta.
Mi éxito nunca se ha valido de hacer las cosas bien,
correctamente, ni siquiera de conseguirlas.
Ha surgido de un susurro al oído,

que decía que me cayera todo el puñetero rato
hasta clavarme cristales en las rodillas,
levantarme y limpiarme la sangre.
Hacer después una preciosa copa de cristal
con los restos para poder seguir brindando por la vida.
Porque la vida, esta, las anteriores y las venideras,
están para vivirlas,
con lo agradable y con lo que no lo es,
porque entonces deja de ser vida
y se convierte en pura ilusión.
Cuando acepté lo que podía aparecer
detrás de esa puerta oscura,
empezó el camino hacia mi libertad.

2 DE ABRIL

Como si de una crónica premonitoria se tratase,
ese día, a pesar de los resultados venideros,
lo empecé bien.
Decidí no preocuparme
y ocuparme.
Para variar, sí… Fui al médico.
Empezó el principio de un largo camino.
Era la primera piedra dura
que asomaba por la ventana.
Aún no sabía que el trayecto interno
que llevaba esa pequeña roca
iba a mostrarme abismos que no conocía,
pesadillas que, a cierta distancia,
pueden resultar abrumadoras.
Mi objetivo: aprender mientras vivo
y vivir mientras aprendo.
¿Cómo?
Moldeando ese trozo de tierra compacta
hasta encontrar el diamante
que se esconde dentro.
Y si no encuentro el tesoro,
al menos hacer desaparecer el carbón
una vez aprendido el mensaje

que van dejando mis huellas
a cada paso en falso o certero.
Y vivo mientras aprendo... O lo intento.
Y aprendo mientras vivo... O lo intento.
A día de hoy, la piedra preciosa
empieza a vislumbrarse y se hace camino
entre tanta mierda que me hizo crecer,
como abono a las plantas.
Va desapareciendo la basura,
solo queda un rastro de aroma
un tanto desagradable que no quiero olvidar,
pues me recuerda que no se valora
la limpieza de un hogar
hasta que no te inunda el lodo.
Sigo aprendiendo que a veces las recompensas
que deseamos no llegan
por el camino que esperamos.
A veces los juegos de los fantasmas caprichosos
no vienen a ponerte la zancadilla,
sino a enderezar tus alas
para que, ante cualquier nuevo despegue,
alces el vuelo más fuerte y con la mejor suerte.
Y es que a veces los sustos no vienen a dar miedo,
sino a salvarte de un desafortunado marrón
o de algún que otro hipo con recelo.

Dolor

Dolor físico.
Nunca pensé que fuese algo que llegase a provocar,
sencillamente, olvidarme de todo lo demás.
Dolió todo.
Dolió mucho.
Todavía duele hablar de según qué cosas.
Todavía cuesta no llorar al hacerlo.
Por suerte, no me permití llegar al sufrimiento,
al menos no de momento.
Dolor mental, dolor emocional.
Aquí sí que sufrí.
No sé si me lo permití sin más o no lo pude evitar.
Sea como fuere, sufrí.
Sinceramente,
lo único dentro de tanta incertidumbre y caos,
inseguridad y miedo,
que me hizo sufrir,
fue mi hijo.
El tiempo sin él.
Era lo único que me importaba.
Él.
Pero otra vez la vida me sorprendió
y encontré mi regalo surcando el sufrimiento.

Aprendí que solo se vive de verdad
cuando te has sentido morir un poco por dentro.
Y esa falta de tiempo de calidad con Mateo
me hizo sentir morir un poco.
Entonces empecé a saber lo que era vivir,
vivir de verdad.
Me sentía bajo mínimos… Y ¿qué?
Respiraba… y respiro.
Me latía el corazón… y me late.
Siempre he tenido el tiempo necesario.
Yo decido hasta entonces
cuándo se paran las agujas del reloj.
Mientras tanto,
sigo jugando con mi hijo a superhéroes.
Al fin y al cabo, es lo que somos.
Dolor espiritual.
Bajo mi ignorancia, muy doloroso.
Hasta que recordé
que detrás de cada abismo hay luz,
que el alma es intocable
y que, por más que el universo
pretenda enseñarte el camino,
al final tu paso firme
de la mano del libre albedrío manda.
Porque es así como el Creador lo dicta,
mi humilde barquita cambió el rumbo.

Me hizo ver de nuevo que somos maestros
de nada y alumnos de todo.
Me esperaba un regalo, algo que aprender.
Aproveché, pues, esos momentos
donde me sentía perecer, desaparecer.
Me equivoqué, pensé que dejaba de ser yo.
Caí en la cuenta de que esos momentos
en los que me sentía fantasma
me permitían ser yo, si así lo quería.
Ser más yo que nunca,
porque me atreví a dar ese paso
que da tanto miedo,
ese que te despega de una comodidad
y seguridad de mentira:
la cárcel de oro.
Y me dediqué a abrir los barrotes
con todo mi amor,
dejándole las llaves al miedo,
porque no las pensaba usar más.
Salí volando,
olvidando mi piel derrotada en la cama,
dejando plumas y un sabor a victoria
que flotaba en el aire.
Y ahí estaba yo, saboreando mi presente,
abandonando al ego atado a mis temores
y acompañada de tanto amor...

Es increíble lo que se puede encontrar
cuando se tiene el valor suficiente
para atravesar las pesadillas,
un acto de fe que simplemente te asegura
que detrás del dolor siempre hay sueños
que te enseñan y enseñanzas cargadas de sueños.

CÁNCER

No me apetece esto.
¿Lo necesito?
No, no lo esperaba,
pero… ¿me hacía falta el puñetazo?
Ese que no te da en la cara,
pero hace que te duela todo el cuerpo.
Y la mente.
Incluso el alma, que es intocable,
también duele.
Ruido.
Cuanto menos me lo pide la piel
más ruido hay.
Cáncer.
Cuando me lo dijeron eran solo palabras.
A mi cerebro no le apeteció
comprenderlo en ese momento,
o simplemente no quiso hacerlo
por capaz que fuese.
En *shock*.
Me acababan de contar una peli mala.
Muy mala.
Sin aliento y sin palomitas…
No me quedó otra, o así lo sentí al menos,

que aprender a vislumbrar el oro en el barro.
A ese primer recuerdo
no le di importancia entonces.
Ahora, en cambio,
cuando me he ido quitando la armadura protectora
y he ido permitiéndome sentir…
Ahora es cuando no puedo hablar de ese día
porque duele, porque llora,
porque siente y ya no…
No está para más demoras ni derrotas.
Ahora lo veo.
Fue mío y lo va a ser toda la vida.
El tsunami que me arrasó y no pudo conmigo
me pertenece, al menos el recuerdo.
Un recuerdo que me acompaña lo necesario
como para no sufrir por él
mientras me ayuda a sanar por dentro,
dándome luz por fuera sin olvidar que el sol quema
y hay una crema siempre cerca por usar.
Una crema, un regalo, un ángel, una certeza.
He aprendido que solo se vive de verdad
cuando te has sentido morir un poco.
Cuando siento ese miedo siempre recuerdo
la imagen de esta mañana en el parque:
mucho barro por las lluvias,
de un tono dorado… Precioso.

Y es que hay pesadillas que son infierno
con un toque de cielo a la vez.
Un recordatorio de los tesoros
que se pueden encontrar en el lodo
si estás dispuesta o dispuesto a verlo,
abrazarlo, vivirlo
y, por fin, SUPERARLO.

QUIMIOTERAPIA

Jamás nada ni nadie
ha sido capaz de hacerme sentir así.
Te das cuenta de la mierda
que nos metemos en el cuerpo
cuando es obvio.
Hasta entonces, vivimos
con anestesia continua e ignorancia.
No queremos ver, ni oír,
ni sentir, ni oler, ni saborear.
Te das cuenta del daño que nos causamos
cuando ya es intolerable.
Hasta entonces, normalizamos.
Cuando tienes que soportar dolor
porque así lo eliges,
o porque la vida lo exige,
y no queda otra,
DUELE.
Pero cuando te metes mierda en el cuerpo
para sabotear los intentos
de una mierda más grande aún…
Eso no tiene nombre.
Tu mente te dice que son cañonazos
necesarios para sobrevivir,

pero algo dentro de ti no está de acuerdo.
Cuando mi hijo me preguntó
«mami, ¿por qué te ponen eso si te hace daño?»,
mi parte de madre protectora le respondió
que a veces hay que sentir dolor
para después curarse,
pero dentro de mí pensaba:
«Hijo, tienes razón, no tiene sentido».
Vómitos constantes, diarreas, dolor físico,
mental, emocional y espiritual…
Sí, me sentía desaparecer,
pero era positiva y confiaba.
Confío.
Después de desear parar
para dejar de sentirme tan mal,
después de gritar y llorar,
después de algunos segundos
de querer desaparecer,
de verdad,
aparecía mi fuerza elemental:
Mateo, mi hijo, mi héroe, mi todo.
Su sonrisa y sus ganas de presente,
su amor incondicional,
sus ganas de cuidarme,
su deseo único de conseguir que en mi cara
volviera aparecer una sonrisa

me levantó.
Fue el empujón que necesitaba.
La gente que tengo a mi alrededor,
esa que vale mi pena.
Todos ellos, mi familia,
son mi fuerza.
Ahí cambió todo.
Mi lucha dejó de ser para vivir cien años más
y pasó a ser una batalla para darle ese regalo a mi hijo.
Mi sonrisa, nuestra guerra ganada,
mientras él mantenía la suya a pesar de todo.
Empecé a ver la luz,
a aprender todo lo que esto me estaba dando;
a darle a mi hijo lo mejor,
mi tiempo, mi fuerza y mi sonrisa;
a despertarme por las mañanas
y dar gracias entre lágrimas de alegría
por seguir aquí y ver amaneceres
que jamás me parecieron tan hermosos.
Porque me empezaba a sentir más fuerte que nunca.
Porque tomé decisiones que andaban como muebles,
con el único objetivo de acumular polvo.
Porque me quité el lodo de encima
y me quedé con el oro.
Porque me marcaron el camino a seguir:
hacer lo que necesito y no lo que quiero,

o al menos no solo lo que quiero.
Pero sí hacer siempre lo que se necesita.
Me abrió un mundo nuevo
donde ya no existen lamentaciones
por no poder aprovechar un día nuevo,
abrazando las mil y una excusas.
Solo hay días disponibles sin mesura, si así lo quieres,
disfrutando al máximo los momentos que se está bien
para poder permitirse tirarse a la cama,
sin remordimientos, cuando no lo estás…
Aprendí a conocerme más,
más de cerca, más sin miedo,
mirando de cara mi falta de aceptación,
valorando mis imperfecciones,
averiguando que me encantan,
que las quiero y amo porque me hacen
errar mil veces y aprender un millón más.
Porque todo esto me hace descubrir y ser quien soy.
Dar lo mejor de mí.
Gracias, quimioterapia,
por hacerme ver cosas que creía imposibles,
por permitirme valorar la calma
que reposa después de una terrible tormenta,
por subsistir bajo rayos y truenos,
para, después, dejarme guiar
gracias a la luz que emanan.

Gracias.
Pero… ya conseguiste tu cometido.
Ya no te quiero.
Bueno, sí, te quiero…
PERO BIEN LEJOS.

MUERTE Y VIDA

Resulta a veces difícil de discernir.
Cuando estamos vivos o vivas,
físicamente,
nos sentimos, en ocasiones,
muertos, muertas.
¿Será de igual manera a la inversa?
Cuando la vida en mi piel se difumine hasta morir,
¿quedará vida en mi ser?
La experiencia en mis ojos dice que sí.
La llama que luce y arde en mi pecho dice que sí,
a pesar de mis esfuerzos por ser mejor persona,
a pesar de mi empeño en encontrar
la mejor versión de mí,
hasta el punto de alcanzar tal humanidad
y compasión que todo desaparezca,
y se haga innecesario,
quiera o no quiera,
volver a la ocasión de ser de nuevo de otra forma,
otro cuerpo que pueda darme y enseñarme
lo que antes no pude o no supe.
Tiene que ser que sí,
porque, al menos para mí, no hay tiempo en una vida
para dejar las sombras que enseñan porque duelen,

ni mucho menos para ser capaz de mirar al lado
y amar lo que veo, sea lo que sea o a quien sea,
de una forma incondicional.
Tiene que ser que sí.
Si el sentido es llegar a tal altura
donde solo el corazón llega.
Si es un sinsentido pisar con los pies la tierra
si no va acompañado de unas alas
para romper y despegar cuando llega el momento,
brillando con cuerpo o sin él.
Si el camino a seguir cuenta con todos nosotros,
con que dejemos flores después de cada reto
para que el ser humano venidero
las puedas recoger con su mejor aroma.
Tiene que ser que sí.

La guerra

Todos pierden, nadie gana.
Reconocer el polvo de donde vinimos,
regado ahora con los residuos del miedo.
Ceniza que solo sabe esperar eternamente.
«Ganar» una guerra para que te den sangre
en oro de medalla.
Porque el fin no justifica los medios,
y lo único que vale nuestras penas
es levantarse y mantenerse en pie en cada batalla.
Cómo duelen los silencios entre disparo y disparo.
Cómo duele recuperarse tan lentamente
que ver crecer a las flores ya no suponga un milagro.
Las disputas nunca fueron una solución,
mucho menos cuando vienen cargadas
de flechas con veneno directas al corazón.
Te destruyen supuestamente para un bien mayor,
pero en el fondo la luz del cielo
siempre me supuso un camino mejor.
Asesina de la paz alzando el fuego,
humo que ahoga y quema por dentro y por fuera,
mientras seguimos soñando y comiendo
no más que trigo,
que ese calor ardiente no nos queme la piel,
y esta vez solo nos haga de abrigo.

VULNERABLE

Perder el color de tus alas te hace vulnerable.
Sientes que la luz pasa por tu lado sin mirarte.
Abandono.
Despojo dentro de una cesta de mimbre.
No hay miel, no hay alimento que alimente.
No hay elixir que hidrate el brillo de tus ojos.
Nada.
Las piedras del camino se quedaron sin linterna.
Las flores ya no desprenden ningún aroma,
porque tienen miedo de que ya no vuelva.
Pero… curiosamente todo estado desagradable
conlleva un regalo si haces un trueque.
Cambias el miedo por el amor.
No le des muchas vueltas,
pues la transformación no llega
por esfuerzo de la mente,
sino de tu corazón.
Si atajas la raíz de supuesto problema,
verás que al final lo que no te gusta
es solo una consecuencia de ti,
de tus pasos, de tu libre albedrío.
Ánclate a esa verdad.
A veces la tristeza que hay en una mirada

descubre más color que un maquillaje banal en tu piel.
Date la mano con fuerza y únete a ella,
porque nunca te va a fallar.
Lleva en su palma las líneas que te guían
con nuevos caminos que llamas arrugas,
grandes tesoros que emergen con la edad.
Sé persistente y navega por ellos
más allá de los confines,
hasta la más profunda eternidad.

MIEDO

Qué suerte encontrar la paz mirando al cielo,
ese trozo eterno de magia que nunca se va.
Qué fortuna poder anclarse y colgarse de esas nubes
cuando los riñones tiemblan de miedo,
haciendo temblar al corazón.
Cómo duele hasta lo más bello de la vida
cuando hay temor.
El horror que atasca, bloquea, descontrola.
No te permite llegar a ti.
Respirar,
porque esa sensación lleva a la paz del abismo.
Respirar,
porque el miedo que enseña no mata.
Respirar,
porque las lágrimas que duermen
en la funda de tu almohada,
aquellas noches rodeada de gente,
pero con sentimiento de soledad,
esas lágrimas
limpian dejando el camino libre.
Respirar,
porque la flaqueza del cuerpo
casi hizo rendirse al alma,

pero no estaba derrotado…
Solo parado cogiendo fuerzas.
Respirar,
porque hay que permitirse llorar,
gritar y hundirse en silencio,
ya que las alegrías están por llegar.
Saber tener miedo.
Aprender a quererlo.
Tener que ser valiente por obligación,
pues nunca ha sido la indignación la mejor solución.
Aprovecha un momento milagroso como el ocaso
y ríndete a la siembra de sabiduría en cada paso.

«Por una vez quiero lo que necesito.
Por primera vez mi mente trabaja, por fin,
por y para mí».

MI GATA KITT

Mi compañera de batalla, mi amiga.
Ella me ha enseñado, y lo sigue haciendo,
unas cuantas cosas…
Ella, sin hablar con la boca,
me ha dado los mejores consejos de vida.
Ella, con esos ojos azules, hambrientos de amor y luz,
me ha enseñado cómo mirar en la oscuridad
sin la necesidad de ver.
Ella, con sus orejas vacías de ruido,
me ha susurrado sutiles brisas que solo se oyen
si se sabe escuchar.
Ella, con su pelaje blanco como la nieve,
suave como el algodón
y caliente como una taza de chocolate,
me ha cubierto de paz, siendo mi manta preferida.
Ella, con su mirada recién acolchada,
llena de puntos perfectos de la mejor lana
y a falta de algún que otro hilacho,
me mira, me escarba y me ve.
Imposible guardar un secreto
o un simple grito silencioso.
Porque ella es pura verdad, auténtica existencia.
Porque sus letras son su alma.

Porque sus palabras son su ser.
Mi guía, mi maestra, me dice
que me deje sentir,
que haga lo que sienta,
digan lo que digan los demás.
Me dice que la única norma
es hacer lo mejor que sepamos,
donde sea, con quien sea,
sin admitir exigencia de nada ni nadie,
mucho menos de nosotras mismas.
Que no me fuerce, ni a mí ni a los demás.
Que contemple la vida, reflexione y comprenda.
Que esté conmigo y medite, que valore la vida.
Me dice que diga siempre sí a la vida.
Sí a lo que venga.
Que siempre guarde un hueco vacío en mí,
para asegurarme de que caben las cosas importantes,
preguntas nuevas con respuestas diferentes.
Que me permita crecer y evolucionar
en el amor incondicional.
Me dice que no me olvide
de que todos y todas somos uno.
Que hay que ayudar.
Me dice que escale a lo más alto
para atreverme a abrir esa puerta
y encontrar la paz.

Me insiste en que respire, me deje sentir
y decida cada paso, aunque duela.
Me pide que haga lo correcto y luego me deje llevar.
Me cuenta que sabe que da miedo apartarse del apego
por la falsa seguridad, comodidad y alegría
que crees que te dan.
Pero es mentira.
Lo que hay al otro lado del límite
es mejor, es real.
Me hace ver que para decidir cómo ser
en cada momento,
primero hay que atreverse
a dar el paso al otro lado.
Confía, me dice,
pues el plan del universo es perfecto.
Ten paciencia.
Vive el presente, no hay plan mejor.
No te preocupes, ocúpate.
Al final, la vida es un juego, saca tus cartas y juega.
Me mira y me sonríe con sus bigotes
y, abrazándome con su olor a naturaleza,
me recuerda que puedo
porque siempre he podido.
Me dice que siga ayudando a los demás,
que practique la devoción y la virtud.
Que procure estar en el presente,

porque es la única forma de hacer
lo que se necesita con amor.
Gracias, pequeña, por entrar en mi vida.
No hay mejor forma de acabar el año 2024
que con un miembro más en la familia…
Miau.

PARTE II
SACANDO BRILLO
A MIS SOMBRAS

Mateo, mi contrato

Antes de tú nacer y yo ser madre hicimos un trato.
Yo te daba la vida y tú me enseñabas a vivirla.
Nunca imaginé que podía ser un trato poco justo.
En aquel entonces hace ocho años,
lo viví como gananciales a medias,
cincuenta y cincuenta.
Yo te doy, tú me das…
Pero hoy te aseguro que lo que me llevo de ti,
 es inmensurable.
No hay balance ni medida que compita,
ni en las mejores olimpiadas contra nada ni nadie.
Porque mi equipo eres tú, mi bandera, mi país y mi frontera.
No sabía que podían darte la vida después de estar viva.
Nada puede superar eso.
En el momento más duro de mi vida me has resucitado,
sin siquiera darte cuenta, me has resucitado.
Cuando siento que no tengo más fuerzas
tu sonrisa aparece y me levanta como por arte de magia.
Gracias por hacerme saber que a pesar de todo estás bien,
porque cuando te quedas dormido sonríes,
y mientras duermes y sueñas… te ríes.
Eso me calma el corazón y el alma.
Gracias por enseñarme el sentido de la vida,

por recordármelo todos los días y todas las noches.
Gracias por cuidarme como solo puede hacerlo un niño…
Mi niño.
Gracias… Porque yo no sé si he estado a tu altura,
pero tú incondicionalmente me has abierto esa ventana
que aparece cuando se cierra una puerta.
Con el dedo meñique cruzado con el tuyo, te digo:

SIEMPRE JUNTOS, SIEMPRE CONECTADOS,
AUNQUE NO NOS VEAMOS.
TE AMO HIJO.

Sigue nadando

Seguir nadando
es la única cosa que queda por hacer,
sea cual sea la situación.
Seguir nadando,
mientras estés vivo o viva en cada ocasión.
Miro a mi hijo y a mi gata.
Como esencial alumna, me arrodillo ante ellos,
mis maestros,
porque viven los días uno a uno,
porque resuelven los problemas uno a uno.
La única manera de acabar una buena fiesta
es bailando.
Así que, amigo, amiga,
sigue nadando, nadando, nadando…

MANTENTE ARRIBA

Vive desde el amor y te irás tranquila.

El cansancio descansa en los laterales
de la corriente.
Busca algo de paz
antes de volver a embarcarse en ese camino,
entorpecido a veces por rocas.
A cierta distancia,
con cierta luz,
los restos que me disgustaban hace un tiempo
se vuelven un regalo de aguas cristalinas.
La mirada a vistas del miedo
es grosera y me promete un aterrizaje...
desconcertante.
El temor,
una vez derrotado,
da paso al amor,
convirtiendo las vendas negras de mis ojos
en transparentes gotas de rocío,
allanando el mismo camino con brillo, por fin,
y lista para dar los próximos pasos,
esta vez...
con genuina gracia.

HÉROES

Pequeños cuerpos que guardan
las más grandes y hermosas almas.
Parece que aquí en la tierra eso no les salva
de la persecución de tan cruel enfermedad.
Niños, niñas.
Maestros y maestras que corren deprisa,
sin saber dónde aterrizar.
Y qué más da,
ellos siempre han sabido que la meta
no es el final.
El propio camino alimenta sus espíritus.
Nosotros, los adultos,
al menos en teoría,
no sabemos lo perdidos que estamos,
lo que nos hemos llegado a alejar
del camino de nuestro propio ser,
hasta que escuchamos con atención
las enseñanzas que las palabras esconden
cuando salen de los labios de un niño.
Héroes.
Ellos aún no lo saben,
pero son nuestro futuro.
Qué gran responsabilidad.

Y qué fortuna la nuestra
contar con la poca inocencia que queda
en el mundo de forma incondicional.
Porque sí,
porque ellos son así.
Héroes que juegan en un hospital.
La armadura que les protege
no les impide mostrar una sonrisa.
Porque sí,
porque ellos son así.
Cambian trozos de tela llenas de colores
por una bata fina y fría,
sin miedo, sin preocupación.
Porque sí,
porque ellos son así.
Saben que, de momento, el cabello no les abriga,
pero no lo necesitan,
porque el único que pierde las fuerzas
cuando se lo cortan es Sansón.
Su poder no reside en esas míseras apariencias.
Su fuerza no está en lo fácil de percibir.
Permanece en el brillo de unos ojos
que ven amanecer,
en las risas eternas que no acaban,
ni siquiera al terminar el juego,
cuando el ganador de las carreras,

en el pasillo de una planta infantil de oncología,
gana.
Porque con esa luz que irradian,
pase lo que pase,
siempre ganan.
Será porque ellos, de forma innata,
sienten que nada les puede pasar,
que pueden con todo.
Será porque saben a su manera
que, les guste o no,
el presente es lo único que tienen,
como todos y todas.
Nosotros andamos un tanto despistados
y no nos acordamos.
Ellos, en cambio, lo recuerdan a cada paso.
Porque sí,
porque ellos son así.

La vida, un terreno de juego

Llega la noche,
pero el parque sigue abierto.
Siempre lo está.
Toboganes y columpios
dispuestos en cualquier momento
para soportar el peso de un niño
que reposa
en el corazón de un adulto
que solo desea gritar.
La vida transcurre entre empujón y empujón.
Caídas en el suelo y barro en las rodillas
después de un buen chaparrón.
No importa, la tierra sobre la piel se limpia,
y las heridas se curan.
Todo vale, siempre y cuando
el parque siga ahí mañana por la tarde.
El paisaje cambia.
Ya no usamos toboganes,
pero sí coches.
No hay lodo en las rodillas,
pero sí malas noticias.
Ya no hay soluciones fáciles.

Los lloros ya no son pasajeros
y las tiritas ya no aguantan
heridas tan grandes.
Ya no.
La vida,
un terreno de juego donde aprender.
Usa tus cartas lo mejor que sepas,
lo mejor que tu conciencia te permita.
Solo haz lo que se necesita.
Al fin y al cabo, solo es un juego.
El dolor aclara, te mantiene en el camino.
Te demuestra lo que de verdad importa
junto con el miedo.
Pero esto de nada sirve si no usas esa fuerza
para saltar con valentía al otro lado.
De nada sirve si no sientes esa energía dentro de ti,
se acumula, te bloquea y te daña.
La sueltas en el aire
mientras caes de nuevo al suelo,
esta vez con nuevas palabras
esperanzadoras en el viento
y muchas flores de colores
que te dan la bienvenida al aterrizar,
con el pelo despeinado
pero deseoso de volver a brillar.
La falta de inocencia ha jugado en contra,

nos perdimos en el camino.
Solo recordamos las normas que oprimen,
que entierran la magia.
Los niños saben que las leyes están ahí,
pero no son lo más importante.
Recupera el recuerdo del viento en la cara
mientras corrías y jugabas,
porque ahí la única regla era ser,
disfrutar, sentir felicidad en libertad.
Crecer y madurar no debería significar
cambiar la sonrisa por seriedad,
ni olvidarse de los sueños,
ni pensar en el qué dirán.
Se deberían construir barquitos de papel
que naveguen por doquier.
Debería ser como un puente de colores
por donde pasar
después de cada partida sin necesidad de fichar,
sabiendo que el principio y el final de una vida
caben en un solo día.

FAMILIA

Con tanto ruido
olvidamos que, a veces,
para volver a nuestro hogar,
tan solo hay que llamar a la puerta.
No depende de candados,
ni de llaves,
ni de muros.
Para abrir la cerradura
y acceder al calor de casa
solo hay que cerrar los ojos,
dejar de un lado el espesor de la mente
y dejar entrar de entre el humo del fuego a tierra
ese dulce sabor a caramelo.
Eso es la familia.
Mi familia.
Es permitirme disfrutar
sin pensar demasiado en las consecuencias,
sin preocuparme en quedarme sin batería
o sin luz en la carretera.
Poder darlo todo a cambio de todo.
Porque antes o después ese sabor a caramelo
aparece al voltear la esquina.
Ese olor a familia me deja mojarme los pies

después de tremenda lluvia,
por olvidarme queriendo el paraguas,
porque los calcetines,
listos y secos a la llegada,
son indiscutibles.
Puedo desmayarme y dejarme caer
después de un bombardeo de malas noticias,
o de una sesión de tratamiento cruel,
porque con ellos,
mi familia,
el suelo siempre está,
incluso en invierno,
caliente y acolchado.
Y es que no importa lo eterno
que se haga un segundo cuando estoy mal,
porque siempre acaba apareciendo,
de entre la amarga oscuridad,
ese sabor tan dulce a caramelo.
Mi familia.

19 junio de 2024

Llegó el día de la operación tan esperada.
Para mí era el paso que me llevaba
a una nueva posibilidad.
En cada pisada que damos
somos una nueva posibilidad.
Esta vez empezaba el camino siendo consciente.
Fue la mañana de después casi de repente.
No solo me quitaron el trozo que hizo
que mi peso fuese un tanto menor.
El tumor se llevó con él
una gran mochila de emociones
que aún no tienen nombre,
aún no sé definir.
Se llevó momentos pasados
llenos de sombras enfermas,
aprendizajes mal aprendidos.
Se llevó el mal karma y lo dañino.
Se llevó una pesadilla,
una película de terror.
Se llevó el dolor en el pecho y una gran desolación.
Se llevó mis ganas de perder por no quererme.
Se llevó el miedo a la muerte.
Se llevó mi lista mal hecha,

muy mal hecha, de prioridades.
Se llevó mis no prioridades.
Se llevó el debo y el tengo.
Se llevó el perdón por todo,
la culpa por nada,
los «lo siento» de otras personas.
Se llevó el primero los demás y luego yo.
Se llevó el abandono hacia mí,
las prisas, las migas…
Se quedaron sensaciones que tampoco puedo entender.
Se quedaron mis ganas de desaprender.
Se quedaron el amor y los bailes.
Se quedaron las risas matutinas,
los besos de buenos días.
Se quedaron los quiero, los deseo,
pero sobre todo los necesito.
Se quedaron los días eternos,
los momentos que definen una vida.
Se quedaron las lluvias que dan sentido
a una buena peli con manta y palomitas.
Se quedaron las flores en mis ojos
para no perderme ni un solo amanecer.
Me quedé con un corazón que cada día se quiere más,
con un alma llena de paz y tranquilidad.
Me quedé con el aire.
Me quedé con la vida.

Me quedé con todo lo que sabe cómo llenarme.
Me quedé con las cosas que ya no consiguen pesarme.
Al llegar la noche,
me quedé con el regalo que me da la vida
y que cabe en una cama:
mi almohada, que entiende
sin juzgar mis pensamientos;
mi gata, que acomoda mi corazón,
y mi hijo, sanador incondicional de mi alma.

AMIGOS & AMIGAS

Quien tiene un amigo tiene un tesoro.
No es verdad.
Quien tiene un amigo o una amiga
no tiene un tesoro;
eso se queda muy corto,
mucho menos precio.
Con ellos me acuerdo de lo bueno,
los malos pensamientos se disuelven por el camino.
Con ellas pierdo el apetito porque me sacian el alma.
Es imperativo llenarme por dentro.
Es obligatorio porque el estómago
puede aguantar algún tiempo vacío,
pero las oportunidades no esperan, traspasan.
Una vida sin valores no es vida.
Priorizar una charla con ellas
dejó de ser capricho, simplemente ocio
o sentirme cómoda.
Ya no se permite negocio,
es urgente y necesario,
es un ahora o ahora.
Saber que están al otro lado, más cerca o más lejos,
ya no es solo pura información
o una forma de no sentirme sola.

Es paz, fuerza y compañía.
Es llenar un alma vacía.
Las llamadas, los mensajes, la presencia
se transforman en cuerdas lanzadas al vacío,
con tanto amor que mis manos
siempre alcanzan y llegan.
He descubierto diferentes maneras
de recoger ese cariño.
Me he permitido merecerlo y recibirlo.
Habéis roto mis cadenas,
a veces sin siquiera tocarme.
Me vais regalando una luz diferente
para evitar apagarme.
Con el día a día me ayudáis a volver a conocerme.
Gracias por estar
y por existir ahora en mi corazón,
siempre.

PROFESIONALES

Gracias por vuestros cinco sentidos,
a veces incluso seis.
Por estar siempre disponibles para mí.
Por esos oídos listos para escuchar silencios,
en persona o al otro lado de un teléfono.
Por colocar miradas sinceras,
llenas de verdad y cariño a la vez.
Por leer entre líneas cuando las lágrimas
borran la tinta en el papel.
Por usar el tono de voz correcto
en momentos amargos para paliar el dolor,
porque hay resistencias
por parte del tan esperado dulzor.
Por anticipar y prevenir tiempos venideros
con gran olfato.
Por usar vuestras manos para crear obras de arte
con fino instrumento,
que permanecen dejando una gran firma por dentro.
Y por fuera el cierre de oro,
con punto final y feliz,
una sonrisa sin descosidos.
Gracias por vuestros cinco sentidos,
a veces incluso seis.

FE

La fe no es para los días buenos,
sino para poder dar los buenos días siempre,
sobre todo a los menos deseados.
Este tiempo he estado desaprendiendo.
En un momento de lucidez caí en la cuenta
de que no era cuestión de aprender a sumar
sino de restar, de quitar capas concienzudamente
hasta llegar a una profunda desnudez.
Porque la vida es paciencia en cada paso
mientras vas tocando tu ser piel a piel,
mientras muestras los misterios
con sombras y luces que hay en cada espacio,
vacío de todo,
lleno de nuevas posibilidades.
Fe en cada cuerpo que nos posee
hasta que seamos nosotros quienes movemos la batuta.
Fe en que la vida te da lo que necesitas
y solo a veces lo que quieres.
Fe en que si pones de tu parte,
el universo pondrá de la suya.
Fe cuando descubres que solo se deja de perder
cuando eres consciente de que nunca se gana.
Y es que los errores de hoy

son los aciertos del mañana,
las derrotas de ahora
son las victorias venideras.
Aceptar el dolor es entender
que el equilibrio manda,
que es solo desde el río de la armonía
que la tranquilidad y la paz avanzan.
Los distantes colores negros y blancos
no suponen ninguna amenaza,
pues si los mezclas bien,
siempre sale un hermoso color gris plata.
La fe del sol en la luna
y de la luna en el sol
permite la vida bajo nuestros pies.
No fueron las olas quienes hundieron el barco,
sino la desconfianza y el miedo
que vibraron muy bajo.
Fe en que las cosas no acaban aquí,
porque la realidad es que no terminan nunca.
El valor de la fe de un niño
precisamente porque no sabe que la tiene.
Esa misma fe donde no tiene cabida mi temor,
porque cuando escribo mis letras,
están cubiertas simplemente de amor.

PARTE III
EL PRESENTE, UN REGALO

Amanecer

Una lámina en blanco que visualiza un mundo
donde todo es posible.
Es posible lo imposible, porque aún no hay nada en él.
Porque tú creas un paisaje para bien,
como hacen los niños y niñas
cuando dibujan a través de un papel.
Antes de empezar,
todo mantiene la posibilidad de ser real.
Traza tan solo un garabato con sabor a miel
o un palacio embadurnado de hiel,
sea como sea lo tendrás.
Si te equivocas o no te gusta el resultado,
qué más da.
Aprende, levanta y limpia tus rodillas.
Vuelve a empezar.
Sabes que siempre puedes usar la goma de borrar.
Los primeros pasos, las primeras líneas
serán temblorosas,
un tanto grises y con tales deformidades sin sentido
que te horrorizarán.
No te asustes,
solo son tus dudas y misterios
que luchan por resolverse a capa y espada

en ese lienzo poroso pero paciente,
dispuesto a esperar.
Cuando por fin lo tengas claro,
aparta el lápiz de tu vista y coge el permanente,
ese que no se puede borrar,
al menos no tan fácilmente.
Ya estás lista para esculpir tu vida ladrillo a ladrillo.
No olvides a partir de ahora
que esa obra de arte creada por ti
es un PRESENTE.
Un regalo que obtiene su gran valor
por ser en su día una hoja en blanco,
repleta de sueños invisibles en cajitas por abrir,
un amanecer eterno esperando
y un nuevo atardecer aún por descubrir.
Recuerda que las huellas que dejaste
en caminos de tierra,
líneas,
borrones…
tarde o temprano desaparecerán,
pero las ilusiones que pusiste en cada paso
a través de tus manos
siempre persistirán.

Tú mandas

No aceptes consejos de nadie
que no hable desde la experiencia,
porque no te van ayudar.
Tú decides.
Decides porque no hay nadie como tú
en este mundo.
Decides porque los fantasmas no pueden ejercer
tu papel mejor que tu propia persona.
Decides porque no existe por doquier
sombra alguna que te muestre
un camino hecho por y para ti,
mejor que tú.
Tú eliges.
Elige cada grano de arena por pequeño que sea,
porque es tu bienestar.
Elige cada diamante en bruto que encuentres,
porque al quitarle la mierda que tiene encima,
serás tú quien se la coma y fortalezca.
Igual que serás tú quien al limpiarlo
se apodere de esa luz que te hará de guía
y mostrará el camino que crezca.
Tú te liberas.
Libérate de salvar a nadie.

No estás aquí para eso.
Libérate de responsabilidades
que no pertocan al caminante,
porque tu único deber es hacia ti.
No cargues ese peso,
pues no he conocido aún a nadie
que haya ayudado a otra alma perdida,
por muchas ganas que tuviera,
sin haberse encontrado ella misma antes.
Libérate de cuidados hacia nada ni nadie,
hasta que no recibas de tus propias manos
caricias y sonrisas hacia ti.
No le enciendas la luz a un ser
que todavía no está preparado.
Tu libre albedrío.
Recoge tu libre albedrío lleno ahora por fin de amor,
amor del bueno,
amor compasivo,
amor incondicional,
deja de soñar de una vez con tocar el cielo…
¡Y TÓCALO!
Pon un ala en cada comisura de tu boca
y vuela.
Vuela hasta que la sonrisa de tu cara se vuelva eterna.
Cuéntale qué escoges que te dé alegría.
Tú escoges los motivos de tus risas.

Sea como sea,
a favor o en contra de la marea,
hazlo como te de la real gana,
siempre a tu mejor manera.

La recompensa

He logrado tocar un poquito de mi ser.
Es raro sentir que toco tela nueva
sobre ropa tan antigua con que vestir mi alma.
Consigo llegar a oscuras entre costura y costura,
con la poca lumbre que me dan las llamas de mis ojos,
atino a palpar con las yemas de mis dedos poco a poco,
cada día un poco más de mí,
cada día un poco más sin mí.
Jamás pensé llegar ahí,
jamás pensé sentirme así,
crecida mientras me alejo,
viendo lo imposible mientras miro por dentro,
para descubrir, por fin,
que el todo siempre estuvo aquí,
que lo más grande sí cabe en lo más pequeño.
Después de cada reto hay un regalo,
aparecen alas de oro renovadas.
Después del descenso atardece un nuevo camino,
un mensaje que brilla en la pantalla,
una llamada,
un te quiero, un te cuido.
Hay una vida que te recuerda
que las cosas hermosas sí que pasan.

Un niño te susurra que el cielo no está de adorno,
que hay nubes que inventar y estrellas que contar.

Y es que los mejores caballos de carreras
no son los que ganan con sus patas,
ni siquiera alardean de su victoria con medallas,
solo vuelan con alas en el corazón.
No hay recompensa mejor.
Ese momento en que comprendes desde tu interior
que los errores ya no lo son,
que los problemas solo existen
en la máquina de la de sinrazón,
que ya no hay sufrimiento,
solo la sabiduría que acompaña a nuestro dolor.
Sigo caminando acompañada de mi ser,
pues me resguarda de la tormenta
hasta el resurgir de un nuevo amanecer.

SUEÑOS EN LOS PIES

Respeta mis pies,
porque son la parte más fuerte
y sensible que tengo.
Respeta mies pies,
porque si ellos caminan,
la mente va al mismo tiempo.
Respeta mis pies,
que deseo seguir galopando
y al son de mi corazón cantando.
Mis dedos alados
contienen los más dulces sueños
deseosos de tocar tierra firme
y enraizarlos en lo más hondo.
Mantengo la puerta abierta
a todas mis mentiras y verdades,
porque ya me dan igual,
ya no me invaden.
Solo importa la experiencia,
esa es mi bandera y mi verdad.
Le cuento a mis cuentos
que ahí fuera no hay nada ideal,
las perdices se perdieron
y nadie las pudo comer jamás.

Que la vida aquí,
de momento,
es una sola al día.
Que se vive siempre por dentro
bajo una única sintonía.
Que las terapias de vida nunca funcionaron
hasta que le sonó la flauta al burro por casualidad,
la palabra correcta y su momento se fusionaron.
Así, ese punto y seguido pudo por fin avanzar.
Te digo de nuevo que a cada paso, a cada vuelo,
respetes mis pies,
porque son la parte más fuerte
y sensible que tengo.
Respetes mies pies,
porque si ellos caminan,
la mente va al mismo tiempo.
Respetes mis pies,
que deseo seguir galopando
y al son de mi corazón cantando.
Quiero dar los buenos días siempre
con mis pies cargados de sueños.
Quiero que mis lunas no discutan entre ellas,
que desayunen juntas apagando cualquier disputa.
Quiero que los atardeceres
no se tornen una mera costumbre.
Quiero dar las buenas noches siempre
con una nueva luz bordada en la lumbre.

Derrota con sabor a victoria

Un infierno oportuno.
Música de fondo y una suave luz anaranjada
pintada en el horizonte.
Entendí que, con una melodía así,
las derrotas no pueden ser menos que una victoria.
Que cuando los ojos
guardan un recuerdo único como aquel
cualquier significado de la palabra «perder»
desaparece.
Comprendí que lo importante
nunca fueron las opciones que escoger,
sino mi decisión en cada una de ellas.
Asimilé cada tropiezo que me hizo levantarme dañada,
para luego ganarme en confianza.
Acepté que mi armadura de guerrera
primero me privó de sentir bellas caricias,
pero luego me salvó de una muerte segura,
realzando colores en el viento
que me golpeaban con un solo objetivo,
esta vez sin dolor y recuperando mi aliento.
Teñí nuevas telas en mi pecho con aroma a libertad,
con amor y compasión,

poniéndome a mí siempre delante,
confiando en mi locura
para, por fin, dejarme ser
y… liberarme.
Esa fue mi derrota,
mi primera derrota de tantas
con sabor a victoria.

SIENTE

Duele lo que deja de doler,
porque ya no duele.
Duele el miedo y el sufrimiento por el dolor,
llegue o no llegue.
Las emociones son nuestra brújula.
Nos muestran nuestra verdad,
nuestro camino,
dónde estamos,
por qué y hasta cuándo,
nuestros secretos, nuestros misterios.
Nunca fueron los años,
sino los minutos.
Nunca fue la vida,
sino las veinticuatro horas del día.
Cuando entiendes esto,
ni de lejos los años cuentan ni ocupan
un mísero espacio en la cabeza,
mucho menos en el corazón.
El atisbo de alma que cabe entre inhalar y exhalar
nos da el valor para valorar el aroma de una flor,
el olor de la hierba recién cortada,
el rocío mañanero en la ventana.
Nunca hubo más vida que en el último aliento

consciente justo antes de quedar dormida,
en la falta de motivos por cada lamento,
en las prisas de un niño mientras juega al pillapilla.
No hay aire más fresco y liberador
que aquel que envuelve el momento
en que vuelves al origen
de un dolor pasado que no caduca,
para esta vez hacer lo que tu alma
te pidió en su momento y no se pudo.
Para romper el círculo vicioso
que embriaga tu presente y predice un futuro
con olor a pasado otra jodida vez.
Al menos, solo por hoy, o mejor,
por el resto de tus días,
no te enfades,
no te preocupes,
sé amable,
sé agradecida,
honra a tu gente, tu trabajo, tu vida,
inhala de nuevo esta vez,
para llenarte de luz alumbrando el sufrimiento
enquistado en tus vísceras
y antes de que enraícen
en lo más profundo de tu ser
abrázalo,
siéntelo,

llóralo,
déjalo estar primero
para dejarlo ir después,
mientras lo exhalas fuerte hacia afuera,
como si tu boca fuera una chimenea
deshaciéndose del humo negro
que no te permitía funcionar como debieras.
Recuerda que cuando respiras el elixir de la vida,
el aire,
no solo te alimenta el oxígeno,
sino la energía creadora que permite que sigas aquí,
en pie,
sanando la vida que vibra dentro de ti
y que tu corazón mantiene
sin dejar ni un momento de latir.
No te olvides de hacerlo,
no te olvides de ti.

ME PERMITO

«Me permito ser, me permito estar,
me permito aprender y, por fin,
me dejo cuidar».

Hoy, veinte años después de esa primera vez
en que supe que la base de mi día a día era la espera…
La espera por todo, la espera por nada y para nada.
Hoy queda atrás.
Observando a mi pequeña felina en casa
viendo cómo juguetea ahora mismo
con un minúsculo peluche entre sus patas,
me doy cuenta de que en esa imagen
no cabe ni existe por ninguna parte
la tan famosa y repudiada
«pérdida de tiempo».
Ni siquiera el propio tiempo.
Seguro que si le explicase a ella
cómo funciona un reloj,
simplemente se reiría en mi cara.
La presencia de mi hijo me cuenta
las mismas grandes historias.
Cuánto tiempo,
nunca peor dicho,

me hubiera ahorrado si mi única terapia
hubiesen sido ellos.
La simplicidad del momento,
la grandeza de lo más pequeño.
Pero a veces mi mente me ha pedido quedarme
en ese clavo ardiendo,
obligándome a aprender de las espinas,
que entendí como rosas preciosas en ese contexto,
aclarándome mis más oscuras dudas y deudas
a cada momento.
Hoy es un día para recordar.
Me doy cuenta de que el mismo tiempo
que antes me hacía desesperar,
ahora esconde regalos eternos,
si sabes dónde debes mirar.

LA MENTE

En contra de toda perspectiva,
la mente me salvó,
me salvó la vida.
Me hizo de manta en la noche fría,
se acomodó en cada rincón de mi cabeza,
tan bien como podía.
Amuebló mi casa, esta vez con mi permiso,
hizo desaparecer mis sombras sin caso omiso
y me dejó una linterna,
siempre lista en un pequeño cobijo.
En contra de toda expectativa,
la mente me salvó,
me salvó la vida.
Cuando menos la esperaba,
cuando más la necesitaba.
Ella me hizo comprender
que mis pasos sabor a miel
dependían de mi saber hacer.
Que ella solo operaba a mi merced,
que estaba cansada de luchar a contracorriente,
que ya era hora de acomodar los cojines
y renovar las alfombras para evitar cualquier incidente.
Recuperé ese permiso que nadie me debía,

pero yo anhelaba.
Recuperé mis responsabilidades
y esculpí mis culpas derrotadas.
Limpié el polvo cargado de pasado limitante
y de futuro inexistente.
Empecé de nuevo con aires renovados,
olor a limón y aroma de vela,
olor a limpio, a palosanto,
olor a cielo estrellado y a duermevela.
Empecé de nuevo porque quiero mucho más,
porque quedan menos barreras que derribar.
Porque sé que se puede tapar el sol con un solo dedo.
Porque cuando se coge la mejor distancia,
siempre es posible remontar el vuelo.

AMOR

Amor.
Cuando apuestas por él, no hace falta la fe.
Amor, cuando alguien persigue su verdad
siguiendo el reflejo de un agua turbia,
porque intuye que, pase lo que pase,
la vida bien sabe lo que hace.
Amor, cuando la brisa golpea mi ventana
regalándome los buenos días,
cuando la libertad se alza y sobrepasa mi vida.
Amor, cuando darme la mano «en ese momento»
significa mi mejor conquista.
Amor a oscuras, cuando a medianoche
se me caen a trozos mis ruinas.
Amor, cuando el corazón galopa
a rienda suelta en mi pecho,
mi presencia me calma y recupero el aliento.
Amor desde una mirada despistada,
pero llena de lucha esperanzada.
Amor cargado de inocencia,
de oxígeno,
de primaveras y mucha paciencia.
Amor a cada momento,
cuando me pesan las piernas

y me doblega el tormento.
Amor que se olvidó de cualquier condición,
listo para atreverse a amar con plena disposición.
Amor sin medias tintas,
con respeto y locura,
sin intereses ni excusas con olor a basura.
Amor sin ingredientes,
sin adornos,
sin más bochornos.
Amor sin recetas,
simplemente amor a secas,
sin antifaces,
sin remiendos,
sin caretas.

LA UNIÓN HACE LA FUERZA

«La unión hace la fuerza».

Llevo la unión literalmente en mi dedo,
junto con un anillo grabado a fuego.
La lleno de infinitos amores,
infinitas verdades,
infinitos abrazos,
forjados por nudos unidos
llenos de fuerza y coraje.
Mensajes que viajan entre vidas,
con historias perfectamente esculpidas en la sangre.
Sangre de familiares de antaño
que permanecen en la piel
y en muchos momentos
en la memoria de mi atardecer.
La grandeza de hoy lleva su raíz en el ayer.
Las cadenas liberadas de nuestros antepasados
se mantienen con eternos apellidos
tejidos con hilo resistente
a las tormentas y al buen vino.
Agradecida vivo por el coraje heredado
que llevo en mis venas
de mis apellidos,

de mi familia,
del gran orgullo que siento de las mujeres
que forman parte de mi esencia, de mis vivencias.
Ellas son el pilar de mi vida
y me enseñaron
que la unión hace la fuerza.

Sí a la vida,
Sí a todas ellas.

Gracias.

Hasta pronto

Sí, quiero vivir cien años más,
pero no tengo miedo a irme.
Lo que me aterra es hacer algo en contra de mí misma,
de lo que siento,
porque me arrebata lo que más quiero:
MI LIBERTAD.

Gracias, cáncer, por ser mi infierno y mi cielo,
por enseñarme mi parte más oscura y mi luz,
por enseñarme a vivir.
PERO… NO VUELVAS MÁS.

Gracias, familia y amigos/as,
por cuidarme incondicionalmente, siempre.

Gracias, hijo mío, por darme sonrisas todos los días,
devolviéndome la vida una y otra vez.

GRACIAS.

Índice

Bienvenidos/as..9
PARTE I. DEJANDO ALGUNAS PISADAS ATRÁS . 13
    Sí a la vida, a todas ellas..............................15
    2 de abril...17
    Dolor 19
    Cáncer..23
    Quimioterapia 26
    Muerte y vida..31
    La guerra 33
    Vulnerable 34
    Miedo 36
    Mi gata Kitt...38

PARTE II. SACANDO BRILLO A MIS SOMBRAS ... 43
    Mateo, mi contrato 45
    Sigue nadando 47
    Mantente arriba 48
    Héroes...49
    La vida, un terreno de juego 52
    Familia..55
    19 junio de 2024 57
    Amigos & amigas...60

Profesionales 62

Fe 63

PARTE III. EL PRESENTE, UN REGALO 65

Amanecer 67

Tú mandas 69

La recompensa 72

Sueños en los pies 74

Derrota con sabor a victoria 76

Siente 78

Me permito 81

La mente 83

Amor 85

LA UNIÓN HACE LA FUERZA 87

Hasta pronto 91